AF389271

L'Art

De tirer les Cartes,

ou

Moyen de lire dans l'avenir.

L'Art

De tirer les Cartes,

ou

Le moyen de lire dans l'avenir

Par le rapprochement des évènemens
qui démontrent sans réplique
l'Art Chronomancique.

Auquel on a joint l'interprétation des
Songes, en se servant des mêmes
Cartes ;

et

*Un traité des Songes et des Visions
nocturnes, d'après les Egyptiens et
les Perses.*

Traduit d'un manuscrit Arabe.

A PARIS,

Chez DEROY, Libraire, rue du
Cimetière André-des-Arts, n°. 15.

1796.
Ve. année Républicaine.

Au beau Sexe,

Et à tous les amateurs
De la Cartomancie.

AUJOURD'HUI avec tout l'appareil d'une saine philosophie, les deux tiers de l'humanité se font tirer les cartes pour savoir ce qui doit leur arriver; et ce qu'il y a de plus plaisant, c'est que les sages qui ont l'air de tourner en ridicule cet amusement superstitieux, s'en occupent, et quelques-uns y croyent.

Pour moi qui ai toute l'apparence d'un croyant qui semble vouloir accréditer l'erreur par ce livre dont je fais hommage au beau Sexe, je dois faire ici de bonne foi, l'aveu public que je crois les secrets de l'avenir impénétrables à notre curiosité, et que je suis convaincu qu'ils sont au-dessus des connoissances humaines. Mon objet se borne seulement à rendre plus agréable et moins pénible un passe-temps de pure fantaisie, par ce livre propre à suppléer aux idées arbitraires que chaque Cartomancien attache aux cartes sans significations écrites.

Joint à l'agrément de voir dans les cartes avec les signi-

fications ques je leur attache,
ce qu'on désire savoir, on
peut encore, avec un peu de
pratique, s'instruire bientôt de
toutes les vraies significations,
et en faire soi-même une juste
application : on épargnera avec
ce secours à peu de frais, l'argent qu'on donne aux oracles
de la Cartomancie, ou tout au
moins il sera aisé de se garantir
de toute supercherie, et d'être
dupe d'une interprétation cap-
tieuse qu'on donne selon les
circonstances à telles cartes,
et d'après nos alentours inté-
resses à nous tromper. Puisse
donc ce petit ouvrage mériter

le suffrage du beau Sexe, en faveur de l'intention, et du désir bien sincère de contribuer à leur amusement.

On trouve chez le citoyen DEROY, un jeu de Cartes supérieurement gravées et coloriées au pinceau. Sur chacune de ces Cartes sont inscrites toutes les diverses significations que l'on donne à telle ou telle carte ; ce jeu est travaillé de façon à ne laisser rien à désirer.

Il se vend 6 livres numéraire, avec le livre d'explications.

Avant-propos.

LA manière de lire dans les cartes françaises et dans les cartes egyptiennes, est uniquement due au célèbre *Etteilla*, qui débuta en France, en 1753, par un abrégé de *l'Art de tirer les cartes*.

Depuis 1772, l'ignorance a ordonné à ses prosélytes de faire paroître diverses manières de les tirer; mais fur et à mesure, elles on été rejetées, parce que n'étant pas composées suivant les principes de la CARTOMANCIE EGYPTIENNE, elles ne répondoient pas à l'at-

tente des curieux. On n'en tiroit
aucune vérité.

Plus instruit que ceux qui
ont hasardé leur composition,
nous avons dû imiter les savans
qui puisent les vérités de leur
science et de leur art dans les
principes établis par les maîtres.

Ainsi, en avouant le pro-
fond *Ettcilla* et ses ouvrages,
sur toutes les branches de la
magie, où nous avons puisé,
nous ne pouvons manquer de
remplir les vues de ceux qui
sont curieux de lire dans les
cartes.

L'Art
De tirer les Cartes.

En 1750, on ne connoissoit pas en France l'art de tirer les cartes ; mais en 1751, 52 et 1753, trois personnes âgées se donnèrent pour les tirer.

Ils avoient raison, puisqu'après avoir mêlé et fait couper un jeu de 32 cartes, ils les faisoient tirer une à une du jeu, et lorsque le questionnant avoit sorti un pique, cela (prétendoient ces vieilles gens) annonçoit du chagrin ; de même que les cœurs annonçoient de la joie, les carreaux de la campagne, et les trèfles de l'argent.

Le fanatisme cria au sacrilège ; et la police, pour sauver ces prétendus sorciers de la main des *dévôts*, les faisoit renfermer, sans les entendre, à Bicêtre ou à la Salpêtrière.

Cette tyrannie dura jusqu'en 1770, où *Etteilla*, qui avoit réfléchi, étudié, et enfin reconnu que le faux art de tirer les cartes provenoit de la plus utile et de la plus sublime des sciences, s'opposa avec autant de force que de raisonnement et d'adresse, à l'ignorance de la police et du fanatisme.

Dès 1753, notre savant rénovateur de la Cartomancie, avoit débuté par jeter en bas *l'Art de tirer les cartes une à une*, en y suppléant l'art de lire dans l'ensemble des cartes amenées sur la table. Mais (c'est notre avis) de même eût-il pu, au premier abord, par le titre que nous prenons, *l'art de lire dans les cartes*, empêcher que le faux titre de *l'art de tirer les cartes*, se perpétuât.

Notre auteur, dès 1753, en donnant la manière de lire les significations adaptées aux cartes, avoit non-seulement rédigé les fausses significations que ces trois personnes leur admettoient, chacune de leur côté ; mais il avoit en outre accordé ces significations, en prenant légitimement pour le neuf de cœur celle de la victoire, qui, par une autre de ces trois personnes, étoit mal-à-propos attribuée au neuf de carreau, etc.

L'art de tirer les cartes, suivant Etteilla, ne pouvoit être d'une invention aussi moderne que les cartes françaises. D'après un manuscrit ancien, il le crut provenir des 33 bâtons d'un Grec, qui dans la Gaule, s'en servant pour rendre des oracles, avoit pris ou avoit naturellement pour nom, *Alpha*.

Cette origine n'étoit point juste,

mais elle n'étoit pas non plus dénuée de rapport, puisque les bâtons d'Alpha, et l'art de tirer les cartes, sont ce que l'on peut dire, les fables qui ont succédé à la vérité de la Cartomancie égyptienne. Mensonge heureux, s'il en peut être, puisque sans l'art de tirer les cartes, notre siècle n'eût peut-être pas eu l'avantage de mettre au rang de ses découvertes, la plus utile de toutes les sciences : la *Cartomancie.*

Dans l'abrégé de 1757, notre auteur ne manqua pas d'appuyer de nouveau, que tirer les cartes une à une du jeu pour les expliquer une à une, étoit une ignorance imitée de la manière de chercher les oracles dans l'Odyssée d'*Homère*, les vers de *Virgile*, et l'abus du *sort des Saints.*

Enfin, notre savant professeur de Cartomancie en 1757, instruit par un

Piémontois, que le livre des premiers Egyptiens, livre nommé THOT ou TOUT, tracé en hiéroglyphe, et connu sous le nom et le jeu *Tarots*, ou mieux THAROTH, renfermoit toutes les sciences anciennes, en fit une sérieuse étude ; et, malgré les empêchemens des censeurs royaux, de l'administration de la librairie, et de la police, en 1782, il mit au jour en 1783 son ouvrage sur le THAROTH ou *Tarots*, qui lui avoit coûté plus de dix ans consécutifs d'études et de réflexions.

Cet auteur, en rendant justice au génie et à la science de *Court de Gébelin*, terrassa ce que ce grave antiquaire avoit transcrit dans son huitième volume du *Monde primitif*, d'après un amateur qui lui-même n'avoit pu copier l'art de tirer les cartes,

I **

dont il est question, que d'après sa cuisinière.

Nous n'eussions pas entré dans ces légers détails historiques et critiques, si nous n'étions moralement persuadés que la Cartomancie égyptienne, (d'où *M. Etteilla* a tiré la Cartomancie française que nous offrons ici, comme troisième édition, y compris les abrégés) deviendroit un jour la science la plus d'usage dans l'éducation des hommes, puisqu'elle est reconnue par la société littéraire, (MM. les interprêtes du livre de Thot,) la vraie et l'unique science, par principe de la prévoyance et de toutes nos vertus morales. *Entrons dans notre sujet.*

A voir cette instruction sans les 33 cartes qui vont avec, on ne seroit pas plus instruit que d'avoir les cartes sans l'instruction ; mais dès que l'on sait, on peut avoir recours à un jeu de piquet, auquel on ajoute une carte blanche, ce qui est facile, puisqu'il ne faut que prendre dans un autre jeu, un as, et l'effacer avec le doigt mouillé d'un peu de salive ou d'eau.

On sent la nécessité d'une carte blanche, lorsqu'on réfléchit que si un homme brun consultoit pour lui les oracles, et qu'il se prît en roi de trèfle, qui désigne un homme brun, il ne pourroit pas découvrir si un homme brun veut lui être utile ou nuisible.

Si ce que nous disons semble aussi juste que cela est, il faut partir d'après ce raisonnement, et on avouera que ceux qui n'admettent pas une carte blanche, ne sont que de vrais tireurs de cartes, ou, ce qui est le même, des ignorans.

Ordre des Cartes par numéro , et leur valeur.

R. Signifie , rencontre de deux cartes , qui est quand on prend la première et la dernière des cartes étalées sur la table.

E. Signifie *Etteilla* , c'est - à - dire que c'est Etteilla qui prononce l'oracle contenu dans les mots qui suivent l'E.

Carte blanche.

N°. 1. représentant le questionnant ou la questionnante.

Roi de carreau.

Un homme.		Un homme.
n°. 2. fidélité.	*inverse.*	n°. 2. père.
R. 29. voleur.		R. 29. voleur.
E. — or sur vous.		E. — or sur vous.

Dame de carreau.

Une femme.	*inverse.*	Une femme.
nº. 3. l'air.		nº. 3. mère.
R. 28. vie extraordinaire		R. 28. vie extraordinaire
E. — caractère.		E. — caractère.

Valet de carreau.

Militaire.	*inverse.*	Domestique.
nº. 4. fierté.		nº. 4. parent.
R. 27. généalogie.		R. 27. généalogie.
E. — on vous attend.		E. — on vous attend.

As de carreau.

Billet.	*inverse.*	Lettre.
nº. 5. beau-père.		nº. 5. solitude.
R. 26. mauvais.		R. 26. mauvais.
E. — pressant besoin.		E. — pressant besoin.

Dix de carreau.

Trahison.	*inverse.*	Or.
nº. 6. commencement.		nº. 6. l'eau.
R. 25. repos.		R. 25. repos.
E. — chûte.		E. — chûte.

Neuf de carreau.

<table>
<tr><td>Retard.
nº. 7. pauvreté.
R. 24. désunion.
E. — chasteté.</td><td>inverse.</td><td>Entreprise.
nº. 7. avantage.
R. 24. désunion.
E. — chasteté.</td></tr>
</table>

Huit de carreau.

<table>
<tr><td>Chagrin.
nº. 8. fin.
R. 23. la foi.
E. — la sagesse.</td><td>inverse.</td><td>Campagne.
nº. 8. richesse.
R. 23. la foi.
E. — la sagesse.</td></tr>
</table>

Sept de carreau.

<table>
<tr><td>Caquet.
nº. 9. le présent.
R. 22. tems.
E. — beaucoup.</td><td>inverse.</td><td>Naissance.
nº. 9. bon.
R. 22. tems.
E. — beaucoup.</td></tr>
</table>

Roi de cœur.

<table>
<tr><td>Homme blond.
nº. 10. remarquable.
R. 21. abus.
E. — cloître.</td><td>inverse.</td><td>Hme. chatain blond.
nº. 10. tuteur.
R. 21. abus.
E. — cloître.</td></tr>
</table>

Dame de cœur.

Femme blonde.		Fᵉ. chataigne blonde.
nº. 11. inconstance.	*inverse.*	nº. 11. belle-mère.
R. 20. outrage.		R. 20. outrage.
E. — plus.		E. — plus.

Valet de cœur.

Garçon blond.		Garç. chatain blond.
nº. 12. générosité.	*inverse.*	nº. 12 enfant.
R. 19. politique.		R. 19. politique.
E. — superstition.		E. — superstition.

Dix de cœur.

Ville.		Héritage.
nº. 13. envieux.	*inverse.*	nº. 13. mariage forcé.
R. 18. ivrognerie.		R. 18. ivrognerie.
E. — sincérité.		E. — sincérité.

Neuf de cœur.

Victoire.		Ennui.
nº. 14. curiosité.	*inverse.*	nº. 14. empêchement.
R. 17. irréligion.		R. 17. irréligion.
E. — désespoir.		E. — désespoir.

Huit de cœur.

Fille blonde.	*inverse.*	Fllechataigne blonde.
n°. 15. succès.		n°. 15. sœur.
R. 16. paix.		R. 16. paix.
E. — du.		E. — du.

Sept de cœur.

La pensée.	*inverse.*	Désir.
n°. 16. cœur.		n°. 16. hypocrisie.
R. 15. paix.		R. 15. paix.
E. — dette.		E. — dette.

Roi de pique.

Homme de robe.	*inverse.*	Homme veuf.
n°. 17. science.		n°. 17. foiblesse.
R. 14. irréligion.		R. 14. irréligion.
E.--innoc. dans les fers.		E.--innoc. dans les fers.

Dame de pique.

Femme veuve.	*inverse.*	Femme du monde.
n°. 18. vie.		n°. 18. avarice.
R. 13. ivrognerie.		R. 13. ivrognerie.
E. — cocuage.		E. — cocuage.

Valet de pique.

Envoyé.	*inverse.*	Espion.
n°. 19. compagnie.		n°. 19. subitement.
R. 12. politique.		R. 12. politique.
E. — mariage double.		E. — mariage double.

Dix de pique.

Pleurs.	*inverse.*	Pertes.
n°. 20. jalousie.		n°. 20. le feu.
R. 11. outrage.		R. 11. outrage.
E. — inhumanité.		E. — inhumanité.

Huit de pique.

Maladie.	*inverse.*	Religieuse.
n°. 21. prudence.		n°. 21. ambition.
R. 10. abus.		R. 10. abus.
E. — célibat.		E. — célibat.

Sept de pique.

Espérance.	*inverse.*	Amitié.
n°. 22. force.		n°. 22. indécision.
R. 9. tems.		R. 9. tems.
E. — procès.		E. — procès.

Roi de trèfle.

Homme brun.		H^e. chatain brun.

Homme brun.
n°. 23. moins.

R. 8. la foi.
E. — inimitié.

inverse.

H^e. chatain brun.
n°. 23. époux.

R. 8. la foi.
E. — inimitié.

Dame de trèfle.

Femme brune.
n°. 24. commérage.

R. 7. desunion.
E. — injustice.

inverse.

F^e. chataigne blonde.
n°. 24. époux.

R. 7. désunion.
E. — injustice.

Valet de trèfle.

Garçon brun.
n°. 25. esprit.

R. 6. repos.
E. — flatterie.

inverse.

Garç. chatain brun.
n°. 25. frère.

R. 6. repos.
E. — flatterie.

As de trèfle.

Bourse d'argent.
n°. 26. orphelin.

R. 5. mauvais.
E. — prison.

inverse.

Noblesse.
n°. 26. rancune.

R. 5. mauvais.
E. — prison.

Dix de trèfle.

Maison.	*inverse.*	Amant.
nº. 27. l'avenir.		nº. 27. passé-tems.
R. 4. généalogie.		R. 4. généalogie.
E. — grandeur.		E. — grandeur.

Neuf de trèfle.

Effet.	*inverse.*	Un présent.
nº. 28. indiscrétion.		nº. 28. jeu.
R. 3. vie extraordinaire.		R. 3. vie extraordinaire.
E. — ingratitude.		E. — ingratitude.

Huit de trèfle.

Fille brune.	*inverse.*	F^{le}. chataigne brune.
nº. 29. art.		nº. 29. éloignement.
R. 2. voleur.		R. 2. voleur.
E. — ignorance.		E. — ignorance.

Sept de trèfle.

Argent.	*inverse.*	Embarras.
nº. 30. haine.		nº. 30. la terre.
R. 1. bâtard.		R. 1. bâtard.
E. — imagination.		E. — imagination.

2 *

As de cœur.

Présent.		Gain.
Mars.	*inverse.*	table extraordin.
E. — méfiance.		E. — méfiance.

As de pique.

Bagatelle.		Jouissance.
Vénus.	*inverse.*	grossesse.
E. — abandon.		E. — abandon.

Neuf de pique.

Maladie.		Prêtre.
Saturne.	*inverse.*	chagrin.
E. — humanité.		E. — humanité.

En regardant le côté qui se trouve à la main droite.

4 Rois. — grands honneurs.
3 Rois. — consultation.
2 Rois. — petit conseil.

4 Dames. — grand pour-parler.
3 Dames. — tromperie de femme.
2 Dames. — amie.

4 Valets. — maladie contagieuse
3 Valets. — dispute.
2 Valets. — inquiétude.

4 As. — loterie.
3 As. — petite réussite.
2 As. — duperie.

4 Dix. — repris de justice.
3 Dix. — nouvel état.
2 Dix. — changement.

4 Neuf. — bon citoyen.
3 Neuf. — grande réussite.
2 Neuf. — petit argent.

4 Huit. — revers.
3 Huit. — mariage.
2 Huit. — nouvelle connoissance.

4 Sept. — intrigue.
3 Sept. — infirmité.
2 Sept. — petite nouvelle.

En regardant le côté qui se trouve
à la main gauche.

4 Rois. — Célérité.
3 Rois. — commerce.
2 Rois. — projets.

4 Dames. — mauvaises sociétés.
3 Dames. — gourmandise.
2 Dames. — société.

4 Valets. — privation.
3 Valets. — paresse.
2 Valets. — ouvrier, ouvrage.

4 As. — déshonneur.
3 As. — libertinage.
2 As. — ennemi.

4 Dix. — évènemens.
3 Dix. — manque.
2 Dix. — attente.

4 Neuf. — usure.
3 Neuf. — imprudence.
2 Neuf. — profit.

4 Huit. — erreur.
3 Huit. — spectacle.
2 Huit. — traverse.

4 Sept. — mauvais citoyen.
3 Sept. — joie.
2 Sept. — fille publique.

Lorsque la carte blanche, qui porte toujours le n°. 1, ne vient pas dans le premier coup qui est toujours de 12, ou ce qui est le même, si elle vient inverse, lorsque le travail est pour un homme, cela donne pour avis, que l'on manque dans sa conduite, ou dans ses affaires.

Mais ce 1 venu inverse ou renversé, représente la femme qui intéresse le plus le consultant. Or, cette femme venue dans le coup, cela annonce qu'elle est plus attentive à ce qui intéresse le consultant.

Il y a une science des nombres, dans l'art de lire les cartes, que les tireurs de cartes n'ont pas encore saisie, ce qui prouve leur ignorance complète, puisque tout se meut par les nombres. Soyez à l'étude.

Prenez vos 33 cartes dans vos mains, mêlez-les, et à mesure que vous les mêlez, ayez soin de les mettre à *tête-bêche*, sans les regarder. Vos cartes mélangées en tous sens, faites couper, ou coupez vous-même, si vous travaillez pour vous ou pour une personne absente.

Alors tirez 12 cartes à la file l'une de l'autre, les plaçant devant vous, et lisez leurs significations, de droite à gauche, comme vous avez dû les placer devant vous, en les levant de votre jeu une à une.

Mettez la 13e. et la 33e. sous les 12. Ces deux cartes, sont ce qui vous surprendra, comme ne l'attendant pas.

Pour vous instruire, comme on doit lire les significations qui sont sur les cartes, il faut supposer que vous avez amené les 12 cartes ci-après, qu'il faut placer devant vous, si vous avez le dessein d'apprendre. Et à ce sujet, voici pour la dernière réflexion, un fragment tiré des ouvrages d'*Etteilla*.

Dans l'art qu'on appelle en général, *tirer les cartes*, chaque ignorant et ignorante ont la permission de parler de leur tête, et il leur faut bien cette permission, puisqu'ils ne savent pas lire dans les cartes; mais dans ce cas, ne faudroit-il pas mieux appeler sa cuisinière, pour qu'elle nous dise ce que nous devons faire.

Enfin, par la science, on peut espérer sur cent, 99 fois la vérité ; et par l'ignorance, une seule fois la vérité sur cent mensonges.

Soit assez dit pour *honter* les charlatans et les escrocs, qui depuis notre révolution se mettent Tireurs de cartes, moyen de gagner quelques sous, qui n'appartenoient jadis qu'à nos vieilles gens, dont ils cherchent à arracher la chétive subsistance.

Et puisqu'il est ainsi, mettons à la portée tout curieux de démasquer l'ignorance de ces hommes, encore assez jeunes et assez forts pour porter des crochets.

Posez sur la table ces douze cartes, et supposez que tout leur nombre additionné ensemble donne 172, alors tout ce qui vous sera dit du passé, du présent et de l'avenir, doit être renfermé dans le passé de 172 jours, et dans l'avenir de 172 jours. Découverte due au seul et unique Etteilla.

Donc, il est, 1°. essentiel de commencer par un coup de 12, parce que les nombres progressifs 1, 2, 3, etc. jusqu'à 12 étant additionnés, donnent, 78, qui est le nombre de toutes sciences humaines : 2°. Afin que vous sachiez toujours le tems dans lequel sont déposés les oracles, car les nombres donnent le tems, et le tems renferme les oracles.

Vous parlerai-je, je vous le demande, en homme un peu plus instruit que ceux qui, excepté les vrais Cartomanciens, se donnent pour lire dans les cartes ? Mais comme on ne peut soumettre à la bonne foi, ni à l'étude des charlatans, c'est à vous et à vos amis que je me confie pour leur faire honte, s'ils se présentent à vous pour vous tromper, ce que vous connoîtrez facilement, s'ils ne vous parlent pas suivant les vrais principes de la science dont je vous instruis ; science qui n'est ni de moi, ni d'Etteilla, mais des Egyptiens.

As de pique, 22, 18, 23, 27, 16, 14, 1, 9, 5, 8, 29.

Les deux de surprise.... 30, 17.

Si vous placez ces cartes, vous entendrez facilement ce que je vais dire, et il s'ensuivra que vous serez étonné de savoir lire dans les cartes aussi bien que moi, en une demi-heure de tems.

On commence toujours par voir si l'Etteilla qui est le questionnant, ou la questionnante est venu; s'il est venu on prononce l'oracle qui est sur la

carte

carte que commande Etteilla. Et vous dites....

14 et 1, le questionnant dans le moment qu'il consulte, est désespéré de ce que , 29, une fille brune , qui est, 8, à la campagne , lui écrit, 5 , une lettre , 9, de propos sur 1, le questionnant, dont, 14, il a de l'ennui..

Cet ennui lui donne, 16, le désir d'aller dans, 27, la maison, 23, d'un homme brun, qu'il trouve avec, 18, une femme veuve, qui , 22 , lui fait amitié , et, as de pique, lui parle de la grossesse de la fille brune.

Dans ce premier discours on doit déjà sentir le caractère du questionnant, et son histoire avec une fille grosse qui n'est pas satisfaite de lui, etc.

Lisons la ligne des nombres. L'art qu'il emploie pour être riche , le jette dans la solitude de toute autre chose, et cela dans le présent, où il consulte la Cartomancie.

Il met des empêchemens à l'hypocrisie de quelqu'un, mais l'hypocrisie de ce quelqu'un dans l'avenir rendra moindre sa vie, ce qui le jettera dans l'indécision.

A présent, il faut voir les ensembles; il n'y a qu'un roi, qu'une dame, point de valet, deux as, dont un renversé; et pour qu'ils comptent, il faudroit qu'ils fussent tous deux droits, ou tous deux renversés.

Il n'y a qu'un dix, qu'un neuf, deux huit; nouvelle connoissance pour le consultant. Mais dans trois sept il y en a deux, le haut des cartes en haut, et comme on peut lire sur ces deux sept, (et ainsi à tous les ensembles écrits sur les cartes,) ces deux sept renversés, signifient conduite ; dites donc au consultant : une nouvelle connoissance examine votre conduite.

Présentement *relevez* vos cartes deux à deux, et voyez en même-temps, s'ils n'y a pas de *numéros de rencontre*. Pour ce, il faut que les deux nombres fassent 31, comme je vous le ferai entendre ci-après, ainsi que l'Etteilla à côté de toutes les autres cartes, et les ensembles des cartes.

Pour faire le *relevé* soyez attentif, à tout ce que je dis.

Zéro ou as de pique, et le n°. 29 du huit de trèfle, ne font pas 31 ; mais dites à votre consultant, j'ai vu que la fille brune étoit grosse, je dis que c'est de vous, parce que vous êtes avant grossesse, et comme vous voyez grossesse tombe sur la fille brune.

Suivez toujours avec beaucoup d'attention; un peu d'étude, cela est vrai; mais vaut-il mieux, comme les imbécilles et les fripons, parler de sa tête ?

Cette grossesse, direz-vous à votre consultant, vous porte à l'artifice, et cette fille brune est absorbée en elle-même.

En voyant une telle annonce au premier degré de la Cartomancie, il faut avoir recours au second degré et enfin au troisième degré, sans quoi l'opérateur est un lâche; et s'il ne connoît pas le second et le troisième degré de la Cartomancie, c'est un homme très dangereux dans la société. Et si je ne m'étends pas plus, c'est afin que l'ignorance ne s'attache pas plutôt au danger qu'à l'examen des vrais ou des faux Cartomanciens, comme cela est arrivé en astrologie, les juges ne distinguant pas les vrais philosophes des ingorans, qui vouloient les imiter.

Le premier degré est la lecture courante, le second degré est de tirer de justes conséquences du premier degré, et juger des causes pour entrer dans les effets, et le troisième degré est la consolation, l'avis et l'oracle.

Ainsi donc, comme a dit notre maître *Etteilla*, pour être un vrai Cartomancien, il faut posséder l'art, la science et la sagesse de la Cartomancie ; et tel amateur qui opère pour les autres avant de savoir ces choses, est un ignorant qui ne connoît pas le danger qu'il court. Et celui qui se donne publiquement pour lire dans les cartés, sans être pénétré de ce que nous disons, est tous les jours à la veille de passer par les mains de la justice, quelque rusé qu'il soit. Car il est bon de distinguer une bonne vieille tireuse de cartes , qui ne porte pas ses vues plus haut que 24 sols ou trois livres , à un fripon , qui quitte son métier pour faire un coup de main..... Continuons le *relevé* des cartes, comme si nous parlions pour un consultant.

8, 22, ne font pas 31. Votre amitié se porte sur les richesses ; vous pensez à la campagne , mais vous êtes indécis, sûrement , d'y aller pour être utile à cette fille brune.

5 et 18. Ne comptent pas ou ne sont pas 31. Une femme veuve vous à fait amitié, mais ses sentimens vous jetteront dans la solitude. Vous serez susceptible d'envoyer et de recevoir des lettres dans votre vie. Au second degré vous serez plus de robe que d'épée. Au troisième degré , ne vous faites pas

dans le métier du barreau , si vous en êtes , un plastron de l'iniquité.

6 et 23. Un homme brun parle de vous dans le présent. Des caquets qui vous regardent seront moindres ou peu de chose. Au troisième degré soyez honnête , humain, bon , géne-reux. C'est le remède aux propos.

1 , 27. Votre maison n'est pas en-core solide , vous vivrez long-temps , car vous vous perpétuez dans l'avenir.

14 , 16. Vous désirez empêcher quelque chose , vous causerez de l'en-nui à *l'hypocrite*, dont je vous ai parlé.

30, 17. La surprise que vous aurez, sera un homme de robe, qui vous ap-portera quelqu'argent.

Ce coup de 12 étant fait, vous faites tous ceux que vous voulez, car le prin-cipal est suivant cet ordre.

1°. Voir la carte qui est à côté de l'Etteilla.

2°. Bien lire vos cartes.

3°. Voir les ensembles.

4°. Relever vos cartes deux à deux; et avant de les expliquer, expliquer les numéros de rencontre s'il s'en trouve. Voici l'instruction sur ces quatre objets.

1°. Mettez ces deux cartes en cette sorte, 22 et 1. Vous voyez à la quatrième ligne de la carte, 22 un E, qui veut dire ETTEILLA; et après l'E, il y a, *procès*.

En général, cela veut dire : Etteilla à côté du sept de pique, vous avez un procès, et cette explication seroit la même à toutes les cartes, à l'exception que ce seroit un autre oracle. 16. 1, dettes, etc.

2°. Bien lire vos cartes : En vous arrêtant toutes les fois qu'un discours finit, les cartes qui suivent donnant souvent matière à une autre conversation.

3°. Voir les ensembles : Prenez les quatre rois, mettez-les devant vous, sur la table, dans le sens où on peut les bien voir, vous lirez sur votre droite, *grand honneur*.

Otez un des rois, il en restera trois, vous lirez *consultation*. Ainsi de tous les ensembles.

4°. Relevez vos cartes. Je vous l'ai expliqué, et je me repétérai tout-à-l'heure, dans la manière d'expliquer les songes.

La Cartomancie est une science simple et naturelle, elle a ses principes, et c'est en les possédant qu'on conçoit, 1°. comment elle peut être utile aux hommes; 2°. combien ceux qui parlent mal de cette science, sont ignorans.

Hommes qui par vos places, serez à même de juger ceux qui feront état de la Cartomancie, voici la loi que vous devez vous imposer, et vous serez jugés justes, par la science divine et la science humaine.

Commencez par examiner l'homme hors de son état, et sévissez contre le crime, mais d'autant plus sévèrement, qu'il se dira professeur de Cartomancie.

Si de fausses apparences du crime ont masqué l'inocence, ne suivant plus l'homme comme criminel, examinez si demain il peut le devenir, par l'état qu'il professe.

Or, imposez à un vrai cartomancien de se transporter à votre tribunal, pour examiner si celui qui se donne pour cartomancien, l'est effectivement.

Si la Cartomancie n'étoit pas une science, qu'elle ne fût que l'art méprisable de dire la *bonne-aventure* avec des cartes, je ne m'établirois pas dans cette partie, pour le conseiller des juges ; enfin je me suis cru obligé à cette note pour prévenir que la postérité qui élevera cette science, ne vous accuse pas, comme nous accusons nos ancêtres, au sujet des plus belles sciences et des plus grandes découvertes.

Lorsqu'on n'a pas encore consulté les oracles pour une personne, il faut absolument faire le premier coup de 12, afin de reconnoître l'esprit du bien ou du mal qui la domine.

Mais lorsqu'on a déjà travaillé pour une personne, si elle est pressée de savoir quelque chose, on peut faire simplement le coup des questions; mais il faut qu'elles soient *ouvertes* : exemple, dans ce dialogue.

Dites - moi si je réussirai ? — En quoi ?—Dans une entreprise ? — De quelle nature est cette entreprise ? — Je ne veux pas confier mon secret. — Vous avez raison, mais sans dire votre secret; vous pouvez dire si votre entreprise est de commerce, voyage, de mariage, d'emprunt, ou enfin si vous préméditez une action injuste.

Mon entreprise consiste à engager une société à me fonder une maison de commerce, dont je serai le garant, ou si on veut, l'homme représentant, mais dont une société sera garante de tout.

Et dans cette maison il sera libre à qui bon voudra de n'y faire valoir des

fonds

fonds en garantie de leur somme à cinq pour cent, sauf l'excédent annuel du bénéfice général, à partager, s'il en est, suivant les mises de fonds.

Vous avez un projet de banque ou de commerce pour appuyer cette maison. — Oui. — Eh bien votre moyen est votre secret, et c'est ce que vous ne devez point me dire.

Je prends les 33 cartes; je les mêle, les mettant à tête-bêche; je fais couper, et je tire les cinq premières cartes de dessus, à la file l'une de l'autre, afin de répondre, non de ma tête, mais ce que dira la Cartomancie. Voici les cinq cartes. *Saturne*, 9, 6, 24, 16 : ne confiez pas votre pensée à une femme chataigne - blonde, elle vous trahiroit et cela donneroit naissance au néant de votre entreprise.

La question n'étant pas résolue, sans rebattre les cartes, j'en prends de file cinq autres, que voici, 2, 13, 7, *mars*, 22; elles disent : Ayez espérance; beaucoup d'occupations apporteront des retards; mais en cette ville, fixez votre attention sur un homme.

Cela ne définissant pas encore assez, je tire pour troisième et dernier tas, les cartes qui suivent les dix déjà tirées. Les voici.

14, 26, 25, 1, 8. Le chagrin va s'emparer de vous; volontiers absorbé, vous parlerez à un garçon brun, il vous donnera une forte somme d'argent, sûrement pour cette entreprise dont vous aurez la victoire. Ou ce qui est le même : un garçon brun par une somme d'argent vous menera à la réussite. N. B. Si ces cinq cartes étoient venues les premières, je n'en eusse pas tiré d'autres ; comme aussi si dans les cinq premières , j'eusse vu la non réussite.

Voyez la notice des questions , *qui est à la fin de ce volume.*

Fragment d'Etteilla.

Si nous donnons ce morceau de préférence à d'autres qui paroîtroient plus importans, c'est qu'il ne soumet tout lecteur qu'à la peine de lire.

Le jeu des permutations a été donné aux anciens , par leurs applications aux différens aspects des astres.

La permutation des nombres forme les différentes sommes, comme la permutation des lettres forme les différens mots, et la permutation de ceux-ci les discours.

4 *

Dans la Cartomancie c'est le jeu des permutations qui représente la copie des différens évènemens : or la *magie* des milliers d'évènemens présentés en peu de nombres, se trouve dans les permutations.

La magie qui se trouve dans la science de dire avec des cartes ce qu'on a fait et ce qu'on fera, n'est pas plus merveilleuse, et ne paroîtra pas plus merveilleuse lorsque nous aurons des lumières sur la Cartomancie, comme nous en en avons acquis sur le *jeu* des permutations.

Puisque les permutations procurent la lecture de tous les évènemens possibles, par la répétition des *coups*, on a nécessairement devant ses yeux (les cartes sur la table) le tableau des évènemens passés, présens et à venir de sa vie ; reste donc à *deviner*, non les

évènemens, mais les temps passés,
présens et à venir de l'arrivée des évènemens. Deviner ! je vous ai dit que
l'homme n'étoit pas devin ; et pour
vous amener à ce que vous n'avez pas
encore de notions, suivez ce que je
vais dire.

Lorsqu'on a devant soi le tableau
de sa vie, et ce qui de la vie des autres
a une relation directe à la nôtre, on y
decouvre l'art de la vie, et dans cet
art les élémens, les principes et la
magie de votre vie.

En telle sorte qu'ayant ces trois objets réunis en un seul, il vous est
comme impossible de vous fourvoyer
dans la conduite de votre vie.

La *magie* qui se trouve dans ces trois
cercles concentriques, n'est pas diffi-
cile à développer.

Lorsqu'un homme réfléchit sur sa conduite passée et actuelle, il voit bien où il a manqué; dès-lors il se préserve de manquer (c'est l'art); et enfin il pense, cherche à prévoir juste comme il doit agir (ce sont les élémens.)

On peut, sans la Cartomancie, se faire le tableau de sa vie, pour diriger sa vie à venir? Et enfin être guidé plus juste par de plus saines réflexions? Voici ma réponse.

Ce que vous dites est vrai, et sert aux hommes, faute de mieux, mais de justes rapports joints à l'expérience que les hommes ont, nous apprendront tout-à-l'heure que ce mieux n'est mieux que parce que nous n'avons pas plus mal ou mieux. *Saisissez bien ce que je vais dire.*

On peut compter plusieurs sommes, de mémoire; composer un sujet dans son esprit; distribuer en idée un vaste bâtiment; ranger vingt mille hommes sur une plate-forme, mais s'ensuit-il que l'arithmétique, les belles-lettres, l'architecture et la tactique, sont des sciences inutiles.

Au contraire, ces sciences ne sont-elles pas la règle, les émulatrices et les correctrices de nos pensées, si elles n'en sont pas même presque toujours dans les penseurs et les laborieux, les créatrices?

Il falloit donc une science directe propre à la conduite de la vie? Oui, et c'est en m'évertuant que je forcerai les hommes à la recevoir, et à ne point s'en passer; et la postérité donnera encore cette découverte à notre siècle, et à un magicien, point académicien.

Mais autres choses; que deviendront tous nos législateurs religieux et moraux? Ces fabricateurs de religions humaines, n'étoient pas des dieux, puisqu'ils ont oublié d'imiter le divin créateur qui a mis en nous, les principes, les élémens et la magie de nos vertus religieuses et morales.

Si le lecteur ne dit pas comme la mégère et ignorante politique, que toute religion tend à Dieu; que chez les Musulmans, on doit croire à *Mahomet*; qu'il soit attentif, il verra comme en montant graduellement des plus petits arts mécaniques, passant par les arts de nature, de-là aux sciences elevées, et enfin aux hautes sciences; on se trouve toucher la vraie sagesse qui ne connoît qu'un Dieu, qui nous a donné avec la prudence et toutes les vertus, des élémens pour les entendre et les pratiquer.

Dieu ne se fait-il pas connoître aux hommes par sa sagesse; sa sagesse par

sa science ; et sa science par les effets
de la nature ? Je vis, je regarde la nature, j'admire la science, et mon ame se
confond dans la sagesse de Dieu. Et en
ceci il n'y a rien de théologique ni de
métaphysique, mais affaire de raison
d'après l'indication des sens.

Manière

Simple, naturelle et facile

D'expliquer les Songes avec les Cartes.

METTEZ-VOUS bien dans l'esprit qu'un songe a toujours des rapports avec la chose à venir, parce que le songe, quoiqu'antécédent à ce qui arrivera, n'est pas donné pour cause, mais pour le signe *medium* entre la cause et l'effet.

C'est en général, en perdant les sciences, qu'on a été comme forcé de les dire chimériques, mais il est de vérité que Dieu a donné aux hommes tout ce qui leur étoit nécessaire ; or, comme il est nécessaire à l'homme d'être prévenu, la science fait pour les hommes, ce que fait l'instinct et les sens , sur-tout l'odorat, dans les animaux.

Un homme ayant la science des songes, innée, ou par étude n'a pas besoin de la Cartomancie ; il écoute le songe , ainsi qu'a fait *Joseph* le patriarche , et tous les anciens sages ; et ils interprêtent le songe par le rapport qui y est, ou par la Cartomancie.

Si dans l'interprétation d'un songe ou d'une vision, vous ne voyez aucun rapport de l'interprétation au songe ou à la vision, l'interprétation est d'un ignorant. En ce peu de mots, je vous dis de quoi faire un passable ouvrage.

Voyons un songe tout simple , vous prévenant que tout ce que contient ce petit volume , n'est que par abréviation de la science de l'univers que renferme le LIVRE DE THOT, OU LIVRE DE TOUT.

Mettez devant vous ces 12 cartes à mesure que l'homme qui a songé va vous raconter son songe; faisant attention que la première carte sera mise devant vous sur votre droite, et ainsi en suivant sur une seule ligne un peu courbe, jusqu'à la 12e. carte.

J'ai rêvé ou songé, 14, 1, être au désespoir de ce que, 29, une fille brune qui étoit, 8, à la campagne, m'écrivoit, 5, une lettre, 9, de propos qui, 1, influoit sur ma délicatesse.

Cela, 14, me causa de l'ennui, et alors, 16, j'ai desiré aller, 27, dans la maison, 23, d'un homme brun, que je trouvai avec, 18, une veuve qui, 22, me fit amitié, et, *as de pique*, elle me parla d'une grossesse.

Pour interpréter ce songe, il n'est besoin que de relever vos cartes comme ci-devant, ci-devant, et par conséquent faire attention aux ensembles et aux numéros de rencontre; mais il n'en est pas, puisque vous devez voir que je me sers du premier coup, afin de moins vous peiner à l'étude. Dans ce songe je n'ai pas employé les secondes lignes; mais si dans ce songe il eût été question d'empêchement au lieu d'ennui, j'aurois employé le mot *empêchement*, et délaissé celui *ennui*. Voici l'interprétation que vous lirez comme moi, si vous relevez les cartes deux à deux, une de chaque bout.

Vous avez engrossé une fille brune; votre amitié est directe sur quelqu'un ou sur quelque chose qui est à la campagne : une femme vous écrit une lettre, c'est l'homme brun qui tient des propos sur vous; et quelqu'un viendra dans votre maison vous en faire part, et vous désirez donner de l'ennui, ou nuire à quelqu'un.

On demande que devient le songe ? Je reponds qu'il s'évanouit pour faire place à l'interprétation qui est bien facile en elle-même; mais c'est aux sages interprêtes de passer au second degré et au troisième degré de l'interprétation; et pour apprivoiser votre entendement à l'esprit de la lettre, voyez si dans le premier degré vous trouvez le second qui est à-peu-près tel.

Vous pensez plus directement à la campagne, qu'à une fille brune, qui est grosse de vous.

Une femme veuve vous écrit qu'un homme tient des propos sur vous, qui influent en général sur votre maison, et vous tâcherez de nuire à cet homme. Au troisième degré.

Par votre songe vous êtes averti

d'être utile à une fille qui est grosse de vous, et de voir un homme brun qui parle contre vous; s'il a tort, faites-le lui sentir sans aigreur : si vous avez tort, remediez-y promptement, et quant à la lettre qu'une veuve vous écrira sur cet objet, ne la faites pas valoir au préjudice de personne. Vous voilà prévenu, faites-bien, vous trouverez le bien, qui gît ici dans les bonnes actions et la paix.

Je termine par vous prévenir ici, pour la dernière fois, que pour posséder les sept sciences des sages Egyptiens, 1, celle des nombres, 2, celle des oracles, 3, celle hermétique, et enfin de la physionomie, des génies, des songes et des talismans; qu'il faut avoir recours au livre de Thot, qui est leur ouvrage.

L'ayant dans vos mains, quelle surprise de voir que tous les philosophes herméticiens , depuis *Abraham juif* , et *Flamel* , ont copié littérallement les hiéroglyphes qui sont sur les feuillets du livre de THOT, pour en faire les tableaux ou estampes de leur ouvrage. Voyez *mutus liber* ; *le triomphe hermétique* , les 12 *clefs de Bazile* ; et enfin voyez-les tous.

On court après un manuscrit ou un livre, une estampe sur la philosophie hermétique, et sur toutes les sciences magiques , et on oublie le livre de THOT ! il est dans la vie des choses incroyables.

Quoi ! hommes , qui cherchez à découvrir les sciences egyptiennes, (ces divines sciences, que les *jaloux* philosophes Chaldéens, Grecs , Arabes, et de toutes les nations modernes, vous voilent le plus qu'ils peuvent) vous ne voulez donc pas donner un jour d'étude aux originaux ?

Lorsqu'avec les anciens, vous êtes instruits qu'il a été un livre de *Thot* ou *Tout* ; lorsqu'avec les modernes, il vous est prouvé que ce livre existe, lorsqu'enfin un homme a passé sa vie entière à feuilleter, à étudier les antiquaires, pour remettre d'après les traces de l'antique, ce livre à sa pureté, vous ne voulez donc pas, dis-je, entendre votre propre raison, qui vous crie, qu'au moment où le livre de THOT fut écrit en hiéroglyphes, il n'étoit pas question de voiler les sciences qui étoient communes à tous.

Et qu'étoit plus commun aux enfans de *Cham*, que la pure religion envers un Dieu unique ; qui étoit plus commun que de prévoir les malheurs, et indiquer la route du bonheur ? le dé-

5 * *

luge, ce cruel déluge, ne devoit-il pas conduire naturellement à être prévoyant? Et enfin, la haute médecine ne devoit-elle pas être familière à un peuple qui vivoit dans les exhalaisons perpétuelles d'une terre entourée d'eau, épongée de l'eau du déluge et brûlée des ardeurs du soleil?

Et ce résultat de la connoissance de la médecine, des animaux, ne donnoit-il pas la connoissance des végétaux et des minéraux?

Il faut savoir lire le livre de THOT? Cela est vrai; mais combien de choses à vous dire pour vous faire entendre que vous n'êtes pas d'accord avec vous-mêmes.

Depuis le premier homme descendu de Dieu, jusqu'au dernier homme qui retournera à Dieu, tous auront leur alphabet. Le principal pour celui qui sera entre le dernier et le premier homme, sera celui (alphabet) qui passera par les sens.

Or, c'est le livre de THOT, qui est l'esprit, l'entendement des sages Egyptiens ; l'alphabet est sept, et son multiple est 11 ; mais après est 0 ; peine perdue, la nonchalance, l'ignorance, la basse jalousie, et je le dirai, les voleurs, tous troubleront, renieront. Et toi ! homme, feras-tu partie d'iceux, dis ?

Traité

Des Songes et des Visions

D'après les Egyptiens et les Perses.

Avis.

L'histoire de tous les âges et de tous les pays, est remplie de tant d'exemples touchant l'évènement véritable d'une infinité de songes, qu'il seroit impossible et même inutile de les rapporter, parce qu'ils sont connus de tout le monde : les Egyptiens et les Perses avoient des mages, c'est-à-dire des sages, qui avoient découvert l'art et le secret merveilleux de les expliquer.

Quel trésor de science inconnue ne communique donc pas au public, celui qui, après avoir heureusement

recouvré ce secret, a bien voulu prendre la peine de le rédiger sous quelques
termes génériques, arrangés par ordre
alphabétique ! de manière qu'il a renfermé dans quelques pages l'interprétation de tous les songes possibles,
qu'une main moins habile n'auroit pas
rangés dans un gros volume, ce qui
auroit mis la plupart du monde hors
d'état de se procurer un livre que chacun doit avoir, et que les moins riches
peuvent acheter aisément.

Abeilles.

Songer à des abeilles, cela dénote
gain et bon succès en ses affaires.

Abricots.

Les abricots et autres semblables
fruits dénotent à celui qui semble les
voir ou les manger, santé, plaisir,
contentement.

Agneau.

Mener paître un agneau ou le **tuer**, signifie ennui, tristesse.

Aigle.

C'est bon signe pour celui qui voit voler un aigle ; mais si elle tombe **sur** sa tête, c'est signe de mort.

Ail.

Les aulx et toutes les herbes **qui** font sentir mauvais, signifient querelles et révélations de choses cachées.

Air.

Voir l'air pur et serein, signifie toute sorte de bonheur ; le voir **trou**ble, signifie le contraire.

Amandier, amande.

Voir des amandiers et manger de leur fruit, signifie richesses.

Ane.

Voir un âne courir, signifie mal**heur.

Ange.

Voir un ange, signifie bonnes nouvelles.

Anneau.

Donner un anneau, ou une bague,
signifie dommage.

Arc-en-ciel.

Songer qu'on voit l'arc-en-ciel du
côté de l'orient, c'est bon signe pour
les pauvres et les malades, le voir du
côté du couchant, c'est bon signe pour
les riches.

Arbre.

Monter sur un arbre, signifie honneur, en tomber, signifie le contraire.

Argent.

Songer qu'on ramasse de l'or ou de
l'argent, signifie perte et dommage.

Autel.

Voir un autel, signifie joie, consolation.

Bain.

Voir un bain, signifie affliction, être dans un bain d'eau tempérée, signifie prospérité.

Baiser.

Baiser la terre, signifie tristesse, baiser quelqu'un, signifie amitié, bonne fortune.

Bal.

Songer qu'on est dans un bal, signifie joie et héritage.

Barbe,

Si quelqu'un songe qu'on lui fait la barbe, cela signifie sûreté; si sa barbe est plus longue qu'à l'ordinaire, cela signifie augmentation de richesses.

Bateau.

Songer de voir un bateau sur une rivière, lac, ou étang dont l'eau est claire, signifie bonheur et sûreté en

ses

ses affaires : si elle est trouble, signifie le contraire.

Battre.

Songer qu'on bat quelqu'un avec la
main ou qu'on lui donne un souflet,
cela signifie paix et amour entre le mari
et la femme; et si le songeur n'est pas
marié, cela lui présage qu'il fera bientôt l'amour.

Belette.

Si l'on songe d'avoir une belette,
l'on aimera quelque mauvaise femme.

Bled.

Songer voir du bled en épis et le
cueillir, signifie profit et richesse.

Blessure.

Si quelqu'un songe avoir été blessé
à coups d'épée, cela lui dénote qu'il
recevra plusieurs bienfaits de celui qui
l'aura blessé.

Bœufs.

Paître, voir, ou posséder des bœufs, c'est bon signe.

Boire.

Si quelqu'un songe qu'ayant soif il a bu de l'eau claire et fraîche, cela lui présage qu'il acquerra des richesses.

Bois.

Songer qu'on est dans un bois ou prairie en qualité de berger, cela signifie profit.

Boiteux.

Si quelqu'un songe d'être boiteux, cela lui signifie déshonneur.

Bottes.

Si quelqu'un songe avoir pris des bottes neuves, cela lui dénote profit et bon succès en ses affaires.

Bouche.

Si quelqu'un songe qu'il a la bouche

plus grande qu'à l'ordinaire, cela lui présage de grandes richesses.

Boue.

Si quelqu'un songe marcher dans la boue, cela signifie pauvreté, misère.

Bouquet.

Songer être orné de fleurs, signifie joie et contentement de peu de durée.

Brebis.

Songer que l'on voit ou que l'on possède plusieurs brebis, cela signifie profit.

Broderie.

Songer qu'on a des habits couverts de broderie, cela signifie profit et honneur.

Cailles.

Voir des cailles; cela signifie mauvaises nouvelles.

Cartes.

Songer qu'on joue aux cartes, signifie qu'on est en danger de perdre son bien par embuche de quelque méchant.

Cerf.

Si quelqu'un songe avoir tué un cerf, cela dénote qu'il aura des héritages, et qu'il vaincra ses ennemis.

Chandelle.

Songer voir une chandelle allumée, signifie guérison aux malades, et bonheur aux autres.

Chapon.

Songer de voir un chapon ou une poule, signifie tristesse et ennui.

Chasse.

Aller chasser, signifie quelque accusation.

Chat.

Si quelqu'un songe qu'il s'est battu contre un chat, cela lui dénote qu'il sera attaqué par des voleurs.

Chemin.

Songer d'être dans un beau chemin, signifie joie, richesses et prospérités.

Chêne.

Songer voir un beau chêne, signifie richesse, profit et longue vie.

Chevaux.

Voir des chevaux blancs, signifie joie ; les noirs signifient tristesse : voir des chevaux rouges, signifie prospérité ; voir des chevaux de diverses couleurs, signifient expédition en ses affaires.

Cheveux.

Voir des cheveux et une tête bien peignée, signifie amitié et délivrance de ses mauvaises affaires.

Chèvre.

Songer posséder plusieurs chèvres ou brebis, signifie abondance et richesse.

Chien.

Les chiens dénotent fidélité, courage et affection; songer qu'un chien aboye après nous, signifie medisance de la part d'un ennemi.

Choux.

Songer de manger des choux, signifie ennui.

Ciel.

Monter au ciel, signifie grand honneur.

Cigale.

Songer les entendre chanter, cela dénote rien de bon aux malades.

Coëffe.

Si une bourgeoise songe être coëffée en dame, cela lui signifie honneur, etc.

Colombes.

Songer voir des colombes, signifie plaisir et joie en sa maison, et bon succès en ses affaires.

Comédie.

Songer qu'on voit jouer des comédies, signifie bonne issue en ses affaires.

Concert.

Songer d'ouïr chanter en musique, ou jouer des instrumens dans un concert, signifie recouvrement de santé aux malades, et joie aux autres.

Confitures.

Songer qu'on mange, qu'on fait des pâtés, des gâteaux ou des confitures, signifie profit.

Converser.

Converser avec de grands seigneurs, signifie prospérité et honneur.

Corbeau.

Voir un corbeau, cela signifie mauvaises choses.

Corneille,

Voir une corneille, signifie expédition de ses affaires.

Couronne.

Songer d'avoir une couronne d'or sur la tête, cela signifie honneur, don, etc.

Daim.

Songer d'avoir tué un daim, signifie qu'on vaincra ses ennemis.

Danse.

Songer qu'on a les pieds légers et qu'on danse agréablement, signifie amitié et bon succès daas ses entreprises.

Dartre.

Si quelqu'un songe qu'il a la chair couverte de dartres, de galle, ou de cloux, cela lui dénote qu'il acquerra de grandes richesses.

Démangeaison.

Songer qu'on sent des démangeaisons à cause des poux, cela signifie or et argent à venir.

Dents.

Les dents, en matière de songes, sont prises pour les meilleurs amis et parens. Songer qu'on en a perdu quelqu'une, signifie la perte d'un parent ; songer les avoir fort belles, signifie prospérite et amitié, etc.

Descendre.

Descendre par une échelle, signifie dommage.

Dez.

Songer qu'on joue aux dez, signifie qu'on est en danger de perdre son bien.

Diable.

Songer qu'on combat contre le diable et qu'on l'a vaincu, signifie péril et danger de la part de quelque grand.

Dieu.

Songer qu'on fait des vœux et des offrandes à Dieu, signifie prospérité.

Doigts.

Songer se brûler les doigts, signifie envies ; couper ses doigts ou bien les voir couper, signifie dommage.

Don.

Recevoir un don de quelque grand seigneur, signifie changement de fortune.

Dorure.

Songer qu'on a des habits couverts de dorure, signifie gain et honneur.

Eau.

Songer voir de l'eau bien claire et tranquille, est bon présage pour tout le monde ; la voir trouble et agitée, signifie le contraire.

Ecarlate

Songer qu'on est habillé d'écarlate signifie honneur et dignité.

Echelle.

Monter sur une échelle, signifie honneur.

Ecrire.

Ecrire sur du papier, signifie accusation ; lire des lettres, signifie bonnes nouvelles.

Eglise.

Songer qu'on est dans une église, signifie joie et consolation.

Enfant.

Celui qui songe voir un enfant emmailloté sucer la mamelle de sa nourrice, cela signifie maladie dangereuse et longue.

Enterrement.

Songer qu'on va à l'enterrement de quelqu'un de ses parens ou amis, signifie que le songeur se mariera à son contentement et à son plaisir.

Épée.

Songer qu'on a été frappé d'une épée ou d'un couteau, signifie qu'on sera en danger d'être tué.

Épine.

Songer qu'on est tombé d'un arbre et qu'on a été piqué par des épines, signifie qu'on perdra ses charges.

Epouser.

Songer épouser, signifie maladie ou mélancolie.

Etudier.

Signifie joie, contentement d'esprit.

Faim.

Si quelqu'un songe qu'ayant faim, il a été rassasié, il deviendra riche à proportion de la grandeur de sa faim.

Fantôme.

Voir un fantôme vêtu de blanc, signifie joie, bonheur, consolation. S'il est noir, cela signifie peine, chagrin.

Faucon.

Faucon.

Porter un faucon sur la main, signifie honneur.

Femme.

Lorsqu'un homme songe voir une femme enfanter, cela lui dénote joie et prospérité.

Fesses.

Songer voir ses fesses, signifie infamie.

Fèves.

Songer de manger des fèves, signifie querelle et procès.

Feu.

Lorsqu'on songe voir le feu éteint, cela signifie indigence, pauvreté : si le feu est clair et modéré, sans fumée, cela signifie abondance de biens.

Figues.

Manger des figues en leur saison,

cela dénote joie et profit, c'est le contraire hors de leur saison.

Flûte.

Jouer de la flûte ou flageolet signifie querelle, dissension et perte de procès.

Fontaine.

Si quelqu'un songe que son ruisseau ou sa fontaine sont taris, cela signifie pauvreté et mort, s'ils sont abondans, cela signifie le contraire.

Forêt.

Se promener dans une forêt, signifie travail.

Fossé.

Passer par-dessus un fossé sur une petite planche, signifie tromperie.

Foudre.

Songer voir la foudre tomber sur sa tête, sur sa maison, signifie perte de vie et de biens.

Fromage.

Manger du fromage, signifie gain et profit.

Froment.

Songer qu'on mange du pain de froment blanc, signifie gain et profit aux riches, et dommage aux pauvres : le pain noir au contraire dénote profit aux pauvres et perte aux riches.

Gale.

Avoir le corps couvert de gale, signifie grandes richesses à acquérir.

Gants.

Songer d'avoir des gants aux mains, signifie honneur.

Garçon.

Si une femme songe enfanter un garçon et qu'elle ne soit pas grosse, c'est un signe qu'elle viendra à bout de ses entreprises.

7 *

Gâteau.

Songer qu'on fait des gâteaux, des tartes, des pâtés, signifie joie et profit.

Genou.

Si quelqu'un songe d'avoir les genoux coupés, cela signifie qu'il sera réduit à la pauvreté : que si ses genoux se rétablissent il deviendra riche ; s'il les sent disposés à bien courir, il réussira dans toutes ses entreprises.

Gibet. — Potence.

Si quelqu'un songe que par sentence il a été condamné à être pendu, il parviendra en dignité à proportion de la hauteur du gibet.

Glace.

La neige et la glace signifient aux marchands empêchement en leurs négociations, et aux gens de guerre, que leurs entreprises ne réussiront pas.

Grange.

Songer qu'on voit une grange pleine de bled, signifie qu'on épousera une femme riche, ou qu'on gagnera un procès, ou qu'on héritera de grands biens.

Grêle.

La grêle signifie tristesse et trouble.

Grenade.

Si l'on songe que l'on a cueilli le fruit d'un grenadier, l'on sera enrichi par un grand ; que si la grenade n'est pas mûre, cela signifie maladie, ou que l'on sera affligé par quelque méchant.

Grenouilles.

Les grenouilles dénotent les parleurs indiscrets et ignorans, de même que les flatteurs.

Guêpes.

Si l'on songe être piqué par des mouches, et principalement par des

7 **

guêpes, cela signifie ennui et afflic-
tions.

Habits.

Habits déchirés, signifient honte
et blâme : habits couverts de broderie,
signifient joie et honneur.

Hanches.

Si quelqu'un songe que les hanches
lui sont devenues plus grandes et plus
fortes que de coutume, il sera sain,
et s'il se marie il aura de beaux enfans. Songer qu'on a les hanches rom-
pues, cela dénote affliction, maladie
et perte d'enfans.

Herbes.

Si quelqu'un songe manger des
herbes dont on fait salades, comme
laitues, oseille, pourpier, etc. qu'on
peut manger crues, cela signifie dou-
leur et difficulté en ses affaires.

Homme.

Si une femme songe de battre son mari, cela signifie qu'elle en est aimée.

Hymnes.

Chanter des hymnes ou pseaumes, signifie empêchement en ses affaires.

Jambes.

Songer d'avoir les jambes en embonpoint et parfaite santé, signifie joie et bonheur. Si elles sont enflées et coupées, cela signifie perte et dommage.

Jardin.

Se promener dans un jardin, signifie joie et prospérité.

Insensé.

Si quelqu'un songe être devenu insensé, il recevra des bienfaits de son prince, et il vivra longuement.

Joues.

Songer d'avoir les joues grasses et vermeilles, c'est bon signe ; les affaires de ceux qui auront fait un tel songe prospéreront.

Jument.

Si quelqu'un songe être monté sur un cheval ou sur une jument et qu'il soit passé en quelque lieu commodément, cela lui dénote qu'il acquerra honneurs et dignités.

Ivre.

Songer d'être ivre, c'est augmentation de biens et recouvrement de santé.

Lait.

Si une femme nouvellement mariée songe d'avoir ses mamelles pleines, cela signifie qu'elle a conçu et que le fruit viendra à bien : si c'est une vieille femme elle acquerra de grands biens.

Laitues.

Songer qu'on mange des laitues, cela signifie empêchement en ses affaires.

Lard.

Couper du lard, signifie la mort de quelqu'un.

Laurier.

Songer de voir et sentir le laurier, olivier ou palmier, aux femmes, cela signifie des enfans, aux filles, qu'elles seront bientôt mariées, et aux hommes, réussite en leurs entreprises.

Laver.

Se laver en pleine fontaine, signifie joie et prospérité.

Lièvre.

Voir courir un lièvre ou un cerf, signifie acquisition de grands biens.

Lion.

Se battre contre un lion et le vain-

cre , signifie qu'on surmontera quelqu'ennemi puissant.

Livre.

Songer de lire des livres sérieux,
signifie honneur et sagesse.

Loup.

Le loup en fait de songes , signifie
un homme avare et cruel.

Lys.

Sentir des lys hors de la saison ,
cela signifie espérances vaines.

Maladie.

Se voir malade , signifie tristesse
ou emprisonnement.

Marcher.

Songer qu'on marche avec une
jambe de bois, signifie changement
de condition.

Médecine.

Prendre ou donner une médecine,
signifie vivre en pauvreté.

Melons.

Manger des melons et des concombres, signifie vaines espérances, et aux malades guérison.

Mer.

Voir la mer bleue et médiocrement ondoyante, signifie joie et facile moyen pour parvenir à ses affaires. Si elle est calme, cela signifie retardement ; et si elle est agitée de tempêtes, cela signifie danger.

Messe.

Aller à la messe, signifie honneur et joie.

Mûrier.

Si l'on voit un mûrier ou si l'on croit manger des mûres, cela signifie fertilité et abondance.

Millet.

Voir la terre semée de . . . . fie très-grandes richesse...

Monter.

Si l'on songe d'être monté sur un grand arbre, cela signifie que l'on sera élevé à quelque dignité.

Mouton.

Songer d'avoir plusieurs moutons ou brebis, signifie profit, richesses, etc.

Mulet.

Le mulet, signifie malice de ses ennemis.

Muscat.

Songer qu'on s'est enivré avec du muscat ou quelqu'autre breuvage doux, signifie qu'on sera aimé et enrichi par quelque grand.

Musique.

Songer ouïr chanter en musique, signifie consolation en ses adversités.

Navets.

Navets et concombres, signifient vaines espérances en ses affaires.

Navires

Navire.

Songer qu'on se promène dans un navire, et qu'on s'y divertit sans crainte, cela signifie sûreté en ses affaires; mais si l'eau est agitée et pleine de tempêtes, c'est le contraire.

Neige.

Voir tomber de la neige, signifie aux marchands empêchement en leurs négociations, et aux gens de guerre dans leurs entreprises.

Nez.

Si quelqu'un songe d'avoir le nez plus gros qu'à l'ordinaire, il deviendra riche et puissant.

Nôces.

Songer qu'on danse à des nôces, signifie maladie.

Nombril.

Si quelqu'un songe d'avoir mal au nombril, il aura de mauvaises nouvelles de ses père et mère, qui seront en danger de mourir si le mal est grand.

Noyer.

Songer voir des noyers et des amandiers, et qu'on mange leur fruit, signifie richesse et contentement.

Nud.

Songer de voir une femme nue, signifie honneur et joie.

Œil.

Si quelqu'un songe qu'il a perdu la vue, il est en danger de mourir lui ou quelqu'un de ses enfans. Songer d'avoir bonne vue, c'est signe de santé.

Œufs.

Songer à des œufs, signifie gain et profit : que s'il y en a grand nombre, cela signifie soin et procès.

Ongles.

Si quelqu'un songe qu'on lui a coupé le bout des doigts ou des on-

gles, cela lui signifie perte et déshonneur.

Onguent.

Faire de l'onguent, signifie ennui.

Or.

Voyez argent.

Oranges.

Songer qu'on voit ou qu'on mange
des oranges, signifie plaies et douleurs.

Oreilles.

Songer qu'on nétoie ses oreilles,
signifie qu'on sera servi et obéi fidè-
lement.

Orge.

Songer de manger du pain d'orge,
signifie santé et contentement.

Orgues.

Songer qu'on joue ou qu'on voit
jouer des orgues, signifie mort de
ses parens.

8 *

Ours.

Si l'on songe avoir vu un ours, cela signifie un ennemi riche et puissant, mais peu habile, qui cherche à nous nuire.

Paille.

Songer de tenir un flambeau de paille, et le porter en lieu public, signifie joie, honneur et sûreté en ses affaires.

Parfum.

Songer qu'on nous parfume de bonnes odeurs, signifie honneur et joie.

Paon.

Songer de voir un paon, c'est signe que l'on aura une belle femme.

Paupières.

Songer qu'on a les sourcils ou paupières plus belles et plus grandes, c'est signe qu'on sera honoré et estimé d'un chacun. Si l'on songe que les sourcils sont tombés, le contraire arrivera.

Peinture.

Se voir peint en tableau, signifie longue vie.

Perdrix.

Voir des perdrix, c'est signe qu'on aura à négocier avec des femmes.

Pigeon.

Songer en voir de blancs, signifie heureux succès en ses entreprises.

Pisser.

Songer qu'on pisse contre une muraille, signifie expédition de ses affaires.

Plaine.

Songer être dans une belle plaine, signifie joie et prospérité.

Pluie.

Si l'on songe voir pleuvoir doucement et sans orage ni tempête, cela signifie gain et profit.

Pois.

Songer qu'on mange des pois bien cuits, signifie expédition d'affaires.

Foires.

Voir ou manger des poires mûres, signifie joie et plaisir ; si elles sont âpres, c'est le contraire.

Poissons.

Prendre de gros poissons, signifie gain et profit; si les poissons sont petits, cela signifie tristesse.

Pommes.

Cueillir des pommes, signifie être tourmenté par quelqu'un.

Pont.

Tomber sur un pont, signifie empêchement.

Pourceaux.

Les pourceaux signifient les gens

oisifs, qui ne songent qu'à vivre aux dépens d'autrui.

Port.

Songer de voir un port de mer, signifie qu'on aura profit et bonnes nouvelles.

Poux.

Les poux signifient richesses, or et argent.

Poule.

Voir une poule avec ses poulets, signifie perte et dommage.

Prairies.

Songer d'être dans des prairies, c'est bon signe.

Puits.

Songer qu'on voit un puits plein de belle eau, c'est signe que le songeur fera de belles acquisitions; si l'eau du puits regorge, cela signifie perte de biens.

Raisins.

Cueillir des raisins blancs, signifie gain. S'ils sont noirs, c'est le contraire.

Renard.

Si quelqu'un songe qu'il se bat avec un renard, il aura dispute avec un ennemi plein de finesse.

Riviére.

Voir l'eau de la rivière claire, signifie sûreté en ses affaires.

Roi.

Voir ou parler au roi, signifie honneur et profit.

Romarin.

Songer sentir du romarin, marjolaine et autres herbes de cette nature, signifie tristesse et ennui.

Roses.

Songer voir ou sentir des roses en leur saison, c'est bon signe, et hors leur saison, c'est le contraire.

Rossignol.

Songez voir ou entendre chanter le rossignol, signifie bonheur, etc.

Salade.

Manger de la salade, signifie maladie.

Sanglier.

Le sanglier dénote un ennemi furieux et impitoyable.

Sauterelles.

Elles ne prédisent rien de bon aux malades.

Scorpions.

Songer voir des basilics, lezards, scolopendre, scorpions et chenilles, signifie malheur par ennemis cachés.

Serpent.

Songer voir un serpent qui se plie et tortille, signifie emprisonnement; songer qu'on le tue, c'est signe qu'on vaincra ses ennemis et envieux.

Singes.

Les singes dénotent des ennemis qui cherchent à nous nuire.

Soif.

Si quelqu'un songe qu'ayant bien soif il a bu de l'eau fraîche et claire, c'est signe qu'il acquerra de grandes richesses.

Soleil.

Voir le soleil se lever, signifie prospérité et bonnes nouvelles ; le voir se coucher, c'est le contraire : le voir rouge ou obscur, signifie empêchement en ses affaires.

Soufflet.

Songer qu'on donne un coup de poing ou un soufflet, signifie paix et amour entre le mari et la femme.

Souliers.

Songer qu'on a des souliers rompus

ou qu'on marche dans la boue, signifie dommage, pauvreté.

Taureau.

Si quelqu'un songe avoir reçu du
bien ou du mal d'un taureau, assu-
rément il en recevra d'un grand
seigneur.

Tempête.

Signifie péril et danger.

Testament.

Faire son testament, c'est mauvais
signe.

Tête.

Si l'on songe être frisé et ajusté
ensorte qu'on croye être beaucoup
agréable, cela signifie que le songeur tombera en quelque danger de
sa personne.

Tragédie.

Songer voir jouer des tragédies signifie perte d'amis.

Tremblement.

Si l'on songe à un tremblement de terre, cela signifie mort, etc.

Vendre.

Songer qu'on achète ou qu'on vend, signifie profit, excepté que ce ne fût du fer, car alors cela signifieroit malheur.

Vent.

Si l'on songe que l'air est paisible et n'est point agité de vents, cela signifie toutes choses favorables, s'il est agité de tempête, c'est le contraire.

Vérole.

Si quelqu'un songe qu'il est devenu vérolé, cela lui dénote profit et richesses, avec infamie.

Verre.

Si quelqu'un songe qu'on lui a donné un verre plein d'eau, cela signifie qu'il se mariera bientôt.

Vierge.

Vierge.

Songer qu'on parle à la vierge, signifie consolation et toute sorte de bonheur.

Vigne.

Songer de voir la vigne, signifie abondance, richesse et fécondité. Songer qu'on mange des raisins mûrs, signifie joie et profit.

Vinaigre.

Boire du vinaigre, signifie maladie.

Violon.

Songer qu'on joue ou qu'on voit jouer du violon et autres instrumens de musique, signifie concorde et bonne intelligence entre le mari et la femme.

Visage.

Songer voir une femme qui a le visage très-beau, signifie joie et contentement. Si une femme songe voir un bel homme, c'est tout de même.

Ulcères.

Songer d'avoir les bras pleins d'ulcères, signifie mauvais succès en ses affaires.

Notice

D'une partie des questions qui se résolvent par la Cartomancie.

— Qui suis-je parmi les hommes (1)?

— Mes affaires s'éclairciront-elles?

— Pourrai-je prévoir la calomnie?

— Serai-je dépouillé de mes espérances?

— Mon voyage sera-t-il heureux?

— Y a-t-il des ténèbres ou de la lumière dans mon esprit?

— Serai-je appuyé, protégé?

— Qui suis-je parmi les femmes?

— Ma principale vertu sera-t-elle d'être juste?

(1) Cette question a plusieurs sens, qui, comme toutes les autres, amènent des réponses véridiques au point de jeter dans l'admiration.

— Ma principale vertu est-elle d'être tempéré ?

— Ma principale vertu est-elle d'être fort ?

— Ma principale vertu est-elle d'être prudent ?

— Quel sera l'issue du mariage ou d'une union ?

— Aurai-je la force majeure dans ce qui m'occupe ?

— Quelle sera ma santé, ou l'issue d'une maladie ?

— Mon *jugement* sur les autres, et les autres sur moi ?

— Parlez-moi de la mort, ou du néant ?

— Prévenez-moi des traîtres ?

— Subirai-je la prison ou une extrême misère ?

— Deviendrai-je puissamment riche, ou augmenterai-je ?

— Aurai-je des dissensions ?

— Quelle sorte d'homme m'intéressera le plus ?

— Quelle sorte de femme m'intéressera le plus ?

— Il y a-t-il un départ ?

— Etrangers me seront-ils propres ?

— Me trahit-on, et dois-je me défier ?

— Les retards sont-ils à leur fin ?

— Irai-je à la campagne ?

— Dois-je aller parler ?

— Parlez-moi de l'ordre dans mon domestique ?

— Vais-je toucher de l'or ?

— Ma société est-elle honnête ?

— Dois-je entreprendre ?

— J'ai bien des chagrins, que dois-je faire ?

— Va-t-il naître quelque chose ?

— Désignez-moi mon vrai ami ?

— Désignez-moi ma véritable amie ?

— Arrivera-t-il sans retard ?

— Qui sera lié à ma vie, garçon ou veuf?

— La ville, la province ou l'étranger, quel m'est le plus favorable?

— Remporterai-je la victoire?

— Quelle sera liée à ma vie, fille ou veuve?

— Sur quoi dois-je arrêter ma pensée?

— Le passé fait-il loi sur mon avenir?

— Puis-je espérer sûr héritage?

— Mon ennui naît-il du moral ou du physique?

— Dois-je espérer de réussir?

— Mon amour est-il bien fondé,

— L'abondance sera - t - elle dans la maison?

— Mes juges seront-ils pénétrés du fond et de la forme de ma cause?

— Serai-je veuve, ou veuf?

— Quel état, science, commerce, robe, épée, vient à mon génie?

— Epie-t-on ma conduite, mes dé-marches ?

— Mes larmes sont-elles folles ou légitimes ?

— Que dois-je penser du célibat qui me flatte : le résultat ?

— Dois-je appréhender d'honteuses maladies, ou y a-t-il un sort affreux que j'ignore ?

— Dois-je me livrer à mes avis ?

— Est-il quelque chose en route ?

— Retrouverai-je ma perte ?

— Quel chemin pour rentrer dans le monde ?

— Suis-je éloigné du port ?

— L'amitié que l'on me témoigne est-elle véritable ?

— Le résultat d'une forte passion ?

— Dois-je compter sur un homme ?

— Dois-je compter sur une femme ?

— Est-il vrai que l'on veut m'être utile ?

— Dois-je écouter un homme ?

— Soutiendrai-je ma maison ?

— Aurai-je des effets, ou retirerai-je des effets ?

— Dois-je croire à l'extérieur d'une femme ?

— Va-t-il me rentrer de l'argent ?

— Comment dois-je passer le présent ?

— Dois-je m'attacher à une personne ?

— Recevrai-je un présent ?

— Agira-t-on noblement ?

— Sortirai-je de mes embarras ?

— Aurai-je parfait contentement ?

— Quelle sera ma plus grande folie ?

Seconde face des hiéroglyphes.

— Dois-je avoir recours à un homme bon, mais sévère ?

— Dois-je prendre à charge une personne ?

— Dois-je briser avec qui je pense ?

— La nouvelle que j'ai apprise est-
elle véritable ou fausse ?

— Comment relever les obstacles
qu'on oppose à ma réussite ?

— Je suis bien traversé ?

— La diversité de mon caractère,
mes disputes avec moi-même, dé-
pendent-elles du moral et du physique ?

— L'indécision de quelqu'un durera-
t-elle encore long-tems ?

— Quelle terminaison sera de l'attente que j'ai ?

— Aurai-je un procès, ou quelle sera
l'issue d'un procès.

— Fleurirai-je ?

— Mes peines vont-elles courir à leur
fin ?

— Quelle sera ma première surprise ?

— Ne dois-je pas me défier de la
première victoire que j'ai ?

— Dois-je rompre avec quelqu'un qui ne me donne que des espérances ?

— Je voudrois briser avec une femme, mais je crains sa médisance, cela m'inquiète ?

— Je crois que je suis trompé ?

— Ce dont je me flatte m'est-il propre ?

— Un sujet de colère est-il fondé ?

— Me parle-t-on vrai ?

— Aurai-je de l'agrément dans une fête où je me propose d'aller ?

— Ferai-je bien de m'attacher au projet qui m'occupe ?

— Quel sera mon avenir, ou mon avenir sera-t-il heureux ?

— Que pensent des parens ?

— Aurai-je quelques nouvelles connoissances utiles ?

— Aurai-je une prompte expédition ?

— Ce que je désire aura-t-il lieu ?

— Y aura-t-il un changement?

— Que pense un homme qui a de la haine contre moi?

— Une méchante femme me surmontera-t-elle?

— Comment punir un ignorant?

— Qui peut m'arriver d'imprevu?

— Un évènement fâcheux reviendra-t-il à mon avantage?

— Dois-je avoir juste défiance?

— Quel sera le résultat d'un incident?

— Mes espérances sont-elles fondées? — *Sur quoi?*

— Me déclarera-t-on de l'amour, et y repondrai-je?

— Y aura-t-il bientôt un deuil? — *de qui?*

— Dois-je économiser, ou si la fortune suivra mes dépenses?

— Que sont devenus des effets; sont-ils pris ou égarés?

— Ai-je de faux amis, ou ai-je des amis inutiles ?

— Y a-t-il grossesse ?

— Que dois-je penser d'un homme qui est vraiment sans mœurs ?

— La route que j'ai prise me paroît peu sûre ; y en a-t-il une autre.

— Comment sortir de l'inaction où je suis ?

— Je voudrois m'arrêter au milieu de ma prodigalité ?

— Gagnerai-je à la loterie ?

— Suis-je dupe de ma confiance ?

— Dois-je décidément me confier plus que je ne l'ai fait ?

— Je suis bien inquiète ?

— L'ambition me protégera-t-elle ou me renversera-t-elle ?

— Quel chemin dans le trouble de mes affaires ?

— Sortirai-je

— Sortirai-je bientôt des mains des procureurs ?

— Aurai-je des enfans, ou enfant prospérera-t-il ?

— Dois-je écrire ? recevrai-je des lettres ?

—J'attends beaucoup d'argent, l'aurai-je ?

Voici d'autres questions prises du ETTEILLA, qui, comme nous l'avons souvent répété, ne sont qu'une copie du livre de Thot.

— Le sentiment le plus général sur moi ?

— Ai-je de vrais amis ?

— Aurai-je bonne issue de mon procès ?

— Réussirai-je dans mon projet ?

— En amour serai-je heureux ?

—Ferai-je fortune ?

—M'est-on et me sera-t-on fidèle ?

— Serai-je heureux au jeu?

— Pourquoi ai-je des ennemis?

— Mes chagrins finiront-ils bientôt?

— Quelle est ma passion?

— Ai-je des vertus?

— Augmenterai-je cette année?

— Ma fortune changera-t-elle?

— Gagnerai-je à la loterie?

— Rentrerai-je en grace?

— Aurai-je de bonnes nouvelles?

— Pour qui le veuvage?

— Suis-je aimée?

— Irai-je à la campagne?

— Que sont devenus des papiers?

— Aurai-je bientôt de l'argent?

— Mon mariage sera-t-il heureux?

— Suis-je fille, femme ou veuve?

— Est-ce de l'esprit que j'ai, ou de la science?

— Je suis pétrifié de soucis?

— Aurai-je les faveurs d'une jolie femme ?

— Aurai-je garçon ou fille ?

— Une de mes pensées aura-t-elle lieu ?

— Renouerai-je ?

— Ma vie sera-t-elle heureuse ?

— Suivrai-je l'état de mes proches,

— Voyagerai-je ? sur terre ou sur eau ?

— Ferai-je des rivaux ?

— Quels seront mes vertus et mes défauts ?

— Serai-je marié jeune ?

— Qui occasionnera ma plus grande fortune ?

— Serai-je de robe, d'épée ou de commerce ?

— Suis-je et serai-je remarqué dans la société ?

— Jouirai-je d'une bonne santé ?

— Aurai-je beaucoup de maîtresses, ou d'adorateurs ?

— Serai-je sujet à l'amour, ou à quelque passion vive ?

— Serai-je dur ou sensible envers les autres ?

— Quelle route dois-je tenir pour devenir un homme distinctif ?

— De qui tiendra l'amitié générale de mes proches, et celle de mes supérieurs ?

— Serai-je favorisé de ce qu'on nomme *hasard* ?

— Comment puis-je éloigner ma maladie ?

— Quel mari épouserai-je, ou quelle femme ?

— Courrai-je des périls dans ma vie ?

— Aurai-je plusieurs femmes ou plusieurs maris ?

—Ai-je perdu ou m'a-t-on pris ce dont je suis inquiet?

—Ma femme me sera-t-elle fidelle? Mon mari? *idem.*

—Serai-je obligé de faillir?

—Dois-je suivre mon penchant pour faire une bonne action?

—Pourquoi ne m'écrit-on pas?

—Serai-je attaché à la cour?

—Serai-je instruit de ce qu'est devenu un absent?

—Dois-je craindre ou être assuré?

—Que m'arrivera-t-il de plus remarquable?

—De quelle maladie mourrai-je?

—Dois-je me livrer à mon attachement?

—Dois-je plaider?

—Comment se terminera ce qui m'occupe le plus?

—Rien ne me réussit; pourquoi?

— Hériterai-je bientôt ?

— Il est de mon intérêt de trahir, que dois-je faire ?

— Quand mon sort trop critique finira-t-il ?

— Vaincrai-je mes envieux et mes ennemis ?

— Dois-je compter sur quelqu'un qui me fait espérer ?

— Un objet délicat ou critique m'occupe ; que dois-je faire ?

— Serai-je satisfait de ma curiosité ?

— Réussirai-je en hautes-sciences ?

Pour résoudre depuis une jusqu'à six de ces questions, la personne qui desiroit quelque éclaircissement choisissoit celles qui l'intéressoient, et les envoyoit à Etteilla (mort depuis plusieurs années), en y joignant six livres qui étoient son salaire. On lui

donnoit aussi connoissance, dans la
même note, de l'an, du mois et du
quantième de sa naissance, et les
lettres initiales de ses noms.

Au bout de trois jours on recevoit
la réponse.

Ces mêmes questions ce résolvent
par le coup des cinq cartes, que l'on
répète jusqu'à trois fois, si le premier
tirage n'est pas satisfaisant.

www.ingramcontent.com/pod-product-compliance
Lightning Source LLC
LaVergne TN
LVHW020704200726
843508LV00002B/875